Lemoine Frédéric

Le Dahomey.

BIBLIOTHÈQUE, OFFICE ET MUSÉE

DE L'ENSEIGNEMENT PUBLIC

(MUSÉE PÉDAGOGIQUE)

SERVICE DES PROJECTIONS LUMINEUSES

NOTICES SUR LES VUES

LE DAHOMEY

GÉOGRAPHIE PHYSIQUE — FLORE ET FAUNE

PAR

Frédéric LEMOINE

Chargé de cours d'histoire et de géographie au collège Rollin,
Professeur de géographie à l'école Coloniale,
Rédacteur au *Journal officiel*, pour la *Société de géographie*.

MELUN

IMPRIMERIE ADMINISTRATIVE

1911

La présente notice doit être renvoyée au Musée avec les Vues.

LE DAHOMEY

GÉOGRAPHIE PHYSIQUE — FLORE ET FAUNE

GÉNÉRALITÉS

Notre colonie du Dahomey n'est qu'une division
politique du gouvernement général de l'Afrique occi-
dentale française. Elle a présentement à sa tête un
lieutenant-gouverneur, qui relève administrativement
du gouverneur général, résidant à Dakar. S'étendant
jusqu'au 12ᵉ degré de latitude nord environ, elle a la
forme d'un rectangle allongé, épanoui en éventail jusqu'au fleuve Niger à l'est, au Togo allemand et au
Soudan français à l'ouest. Les limites sont donc la
mer au sud, le Lagos britannique et la Nigeria anglaise
à l'est, le Togoland allemand à l'ouest, et les terri-
toires français du Haut-Sénégal-Niger au nord.

Au point de vue géologique, notre colonie du
Dahomey comprend ainsi un littoral bas et maréca-
geux qui s'étend à l'intérieur jusqu'aux premiers étages

du rebord du plateau africain. Aussi la divise-t-on administrativement et géographiquement en deux parties : le Bas-Dahomey et le Haut-Dahomey. Toutefois, si la première de ces divisions est vraiment basse, il ne faudrait pas croire que la seconde est réellement montagneuse. Au Dahomey comme presque partout sur les côtes du continent noir, le relief s'étage en gradins ayant généralement l'apparence de terrasses plus ou moins larges, comme celles d'Alladah (90 m.) et d'Abomey (260 m.), se succédant jusqu'au mur qui limite le grand plateau africain. C'est cette sorte de muraille qui forme la ligne de partage des eaux entre les petits fleuves allant directement et presque perpendiculairement à la mer et les rivières, affluents du Niger dont une partie du cours moyen limite, comme nous l'avons remarqué, cette colonie. Et c'est cette ligne de partage des eaux qui sépare le Bas du Haut-Dahomey. Elle commence vraisemblablement à la hauteur de Paouignan.

N° 1. — **Pirogue en pleine mer.**

Lorsque le grand paquebot, en route pour l'Europe ou l'Amérique, vient reconnaître les côtes du golfe du Bénin qui baigne notre Dahomey, le voyageur aperçoit du large d'abord, se profilant sur le ciel, écrit M. G. François dans son étude sur *Notre colonie du Dahomey*, la verdure des arbres qui bordent le littoral, puis, au fur et à mesure que le navire approche, la teinte jaune pâle de la bande de sable nue et régulière du rivage, et enfin la ligne d'écume blanche que forme la barre en se brisant à terre.

Cette barre est le résultat de « gigantesques lames » (quelques-unes atteignent 40 à 50 pieds de hauteur) « qui sont arrêtées brusquement à leur base par le peu de profondeur du fond, tandis que leur partie supérieure, obéissant à l'impulsion reçue, et continuant sans obstacle leur course impétueuse, se roule en énormes volutes qui viennent déferler sur la plage avec un bruit terrible. Ces vagues forment ainsi en rebondissant trois lignes de brisants, à peu près régulièrement espacées et dont la première est à 300 mètres environ du rivage. C'est un spectacle qu'on n'oublie plus dès qu'on l'a une fois contemplé ».

Il rappelle d'ailleurs, à part sa constance, ce que nous voyons en France sur nos côtes sablonneuses et basses de la Manche et de l'Océan lorsque la tempête furieuse lance à l'assaut du rivage des vagues écumantes qui soulèvent, dans leurs flots, le sable et les cailloux et déferlent avec un bruit terrible, en trois ou quatre rangs pressés, sur la grève balayée par le vent.

Le cliché projeté montre une pirogue, montée par des

nègres qui ont quitté, avec quelques passagers sans doute, les flancs du grand paquebot resté au large. Habitués à la barre, ces marins indigènes affrontent sans peur les brisants, voguant la proue face à la crête retombant ainsi au delà de la première ligne et, de leurs rames vigoureuses, se dirigeant en hâte sur la seconde ligne, puis sur la troisième afin de gagner le rivage et d'atterrir, non sans avoir été éclaboussés par l'écume des crêtes. Il faut donc à ces marins beaucoup d'adresse, de force et d'agilité; car la moindre fausse manœuvre, la plus petite hésitation au passage de la barre peut faire tourner le frêle esquif ou l'engloutir sous la lame haute comme une maison de deux ou trois étages. L'abordage sur une pareille côte n'est donc point chose facile ni agréable.

N°s 2 et 3. — **Le warf de Kotonou.**

En somme la barre présente un obstacle si sérieux à l'atterrissement sur la côte que les navires, autrefois, restaient toujours au large. Les pirogues indigènes prenaient les passagers d'abord, les marchandises ensuite. Mais si rarement les passagers faisaient naufrage, si même trop fréquemment ils prenaient un bain forcé et dangereux, les marchandises subissaient de ce fait, la plupart du temps, de réelles avaries quand elles n'étaient pas englouties et perdues.

Pour remédier à ce déplorable état de choses, on a un peu partout sur les côtes basses, creusées par la barre, construit des jetées qui s'avancent jusqu'au delà de la barre et, autant que possible, en des points assez profonds pour permettre aux navires d'accoster. Ces sortes de jetées, qui ne sont pas des môles en pierre et en maçon-

nerie cimentée, mais des pieux de bois ou de fer, solide-
ment enfoncés et reliés entre eux par des croisillons,
supportant un tablier ou plancher à jour, se nomment
des warfs.

Les deux clichés de cette collection font connaître le
warf de Kotonou. Le premier rend un compte précis et
clair de son mode de construction et permet d'apprécier
sa longueur relative. Le second est plus animé. Il montre
l'extrémité même du warf et le flanc d'un grand navire
qui cherche à y accoster.

On remarquera, à l'extrémité du warf des sortes de
mâts, qui ne sont que les bras des grues de débarque-
ment, de ces machines qui enlèvent les marchandises
des cales des navires. Parfois sur ces côtes peu hospita-
lières, le navire, soit à cause de son trop grand tirant
d'eau, soit à cause du ressac, ne peut accoster au warf.
Alors on se sert de la grue pour débarquer les voyageurs.
A l'extrémité de la chaîne que dévide la grue, on attache
une sorte de nacelle carrée. On dirige le bras et la nacelle face au navire qui se tient à distance. La nacelle est
attirée sur le pont élevé du paquebot. Quatre ou six ou
huit passagers y montent. Puis le tout, soulevé en l'air
est dirigé sur le tablier du warf. Et c'est ainsi qu'il est
arrivé même à un ministre des colonies de prendre pied
sur la terre française d'Afrique ou de la quitter pour
voguer vers la métropole.

I

BAS-DAHOMEY

N° 4. — Ouidah : pirogue sur la lagune.

A peine la barre est-elle franchie et a-t-on mis le pied sur la terre ferme qu'on reconnaît le caractère spécial du littoral avoisinant. Les sables, accumulés par la barre et le flot marin, forment cordon. Les eaux douces, venues de l'intérieur et apportées par des rivières que le climat humide rend puissantes, ont à leur tour creusé la côte, de telle façon qu'elles ont créé des lagunes nombreuses.

Les principales lagunes qui bordent le cordon littoral sont : celle de Kotonou ou Cotonou qui, en s'élargissant, forme le lac Nokoué, lequel, par un canal naturel, appelé le Toché, communique avec la lagune de Porto-Novo. Mais celle-ci, malheureusement, manque de profondeur. A l'ouest de Cotonou, jadis, affirment les vieux indigènes, par les lagunes on se rendait en pirogue de Cotonou, voire même de Porto-Novo, à Ouidah. C'est qu'il n'y avait pas alors comme aujourd'hui de solution de continuité entre Cotonou et Godomey.

A Godomey, actuellement, en effet, commence une nouvelle lagune se continuant par celle qui va de Ouidah à Grand-Popo et qui s'ouvre dans la mer. C'est dans cette double lagune que débouche par un petit bras qu'on appelle l'Ahé, le lac Ahémé, alimenté par le Couffo, rivière descendue du plateau de Savalou. Sur ces lagunes de Cotonou, de Porto-Novo, de Godomey comme de Ouidah et Grand-Popo, l'eau est toujours calme; aussi la navigation y est facile et même charmante. Les pirogues, comme on le voit sur le cliché, glissent doucement sur ces eaux tranquilles entre des berges humides; et, pour se protéger du grand soleil un dais soutenu par huit bâtons forme plafond au-dessus de la pirogue. Ouidah, centre principal de la lagune en question, est le premier point occupé par les Français. A la fin du xviie siècle ou au commencement du xviiie siècle un fort fut construit par nos compatriotes; mais il cessa d'être occupé militairement en 1797. Aujourd'hui Ouidah a repris son importance primitive. Le chemin de fer, dont la tête de ligne est le warf de Cotonou, traverse d'abord un marécage plus ou moins comblé, et, arrivé à Pahou, au delà d'une profonde lagune, se bifurque, en deux tronçons, l'un se dirige droit au nord vers le plateau d'Alladah, l'autre tourne à l'ouest vers Ouidah.

Nos 5 et 6. — Porto-Novo : la rade.

Entrée sur la lagune.

Si Ouidah n'est plus relié par eau, comme nous l'avons montré, à Cotonou, la lagune, bien que peu profonde, se continue sans solution de Cotonou à Porto-Novo. La lagune de cette dernière ville, capitale du Dahomey, est très étendue et, sous divers noms, se prolonge jusqu'à Lagos où elle se vide dans l'Océan. Parfois, l'étroite langue de terre qui sépare la lagune de la mer s'est rompue. On se rend compte sur le cliché même, qu'elle manque en effet, d'épaisseur, et que, sans la végétation, il serait facile de croire qu'il n'y a pas de solution de continuité entre l'eau douce des lagunes et la pleine mer, qui offre une rade trop vaste. Cependant lagune et Océan se confondent seulement par exception. Et c'est ainsi qu'en 1900 cette étroite langue de terre qui sépare Cotonou de la mer s'est rompue, permettant, en venant du large, de se rendre en pirogue de Cotonou par Porto-Novo à Lagos. Toutefois la profondeur ne falicitait guère le trajet qu'aux pirogues entre les deux villes françaises, alors que même encore aujourd'hui des vapeurs de plusieurs centaines de tonneaux, appelés par les Anglais *branchboats* peuvent naviguer en toute saison entre Lagos et la capitale du Dahomey.

Enfin, bien que le cliché ne laisse guère le moyen de s'en rendre compte, il importe de remarquer qu'en arrière de Porto-Novo existent plusieurs lagunes, plus ou moins profondes, dont les plus importantes sont celles d'Adjara et de Sakété. Ces lagunes ont, elles-mêmes, de nombreuses ramifications.

N° 7. — Village lacustre sur la lagune de Porto-Novo.

Sur ces lagunes, au bord ou dans les îlots formés par leurs ramifications s'élèvent des villages. On comprend sans peine que les indigènes aient le souci de choisir, pour y habiter, de pareils emplacements. Ils y trouvent, en effet, des conditions d'existence meilleures que dans les marécages de la large plaine littorale, d'autant plus que la pêche, toujours fructueuse, leur procure d'importantes ressources.

Ce littoral, à cause surtout des brises marines, est,

en somme, moins malsain que l'intérieur même du Bas-Dahomey. En effet, le *climat* du Bas-Dahomey est constamment humide et chaud, par conséquent insalubre. La température moyenne oscille entre 27 et 28 degrés pendant toute l'année, et, la nuit, le thermomètre ne baisse pour ainsi dire pas. L'humidité reste donc considérable, et l'électricité développée par l'évaporation et la chaleur, c'est-à-dire la tension électrique, fatigue l'organisme et énerve l'Européen qui s'anémie très vite sous un tel climat plus équatorial que tropical.

L'année, en effet, se divise en quatre saisons : 1° la grande saison des pluies (du 15 mars au 15 juillet); 2° la petite saison sèche (du 15 juillet au 15 septembre); 3° la petite saison des pluies (du 15 septembre au début de décembre); 4° la grande saison sèche (de décembre au 15 mars).

En janvier souffle le terrible *harmattan*, vent du nord-nord-est qui dessèche tout. Frais le matin, il est chaud le jour et froid la nuit; il soulève un sable très fin qui couvre le ciel d'un voile blanchâtre, auréolant ainsi le soleil bien que l'atmosphère soit dépourvue de nuages. Les noirs du Bas-Dahomey ne peuvent eux-mêmes supporter ce vent et ils disent dans leur simple langage : « Quand y a vent, y a froid »; et, certes, ils grelottent littéralement. A plus forte raison, les blancs doivent se prémunir contre les brusques changements de température que l'harmattan occasionne.

En somme, forte humidité diurne pendant la saison des pluies, énorme évaporation nocturne pendant la saison sèche, température moyenne constante et élevée, tel est le climat du Bas-Dahomey. S'il procure une végétation luxuriante, il n'en est pas moins insalubre.

N° 8. — Indigènes à la source sur le plateau d'Alladah.

Relief. — Si, partant de Ouidah, écrit M. Paul Masson, on suit la direction sud-nord vers Abomey, on trouve d'abord, sur une largeur de 4 à 6 kilomètres, la plage dont le sol est formé de sable jaunâtre, très poreux, d'aspect brillant. Sous l'action puissante de la barre, le sable s'est amoncelé sur la plage en bourrelets de 3 à 4 mètres de hauteur, bientôt recouverts d'alluvions et de végétation; et, derrière cette digue naturelle, s'étalent les lagunes que nous avons décrites, large de 100 à 400 mètres, vrais canaux où se déversent les rivières descendant de l'intérieur très tranquilement, à cause de la faible pente.

Au delà de la plaine basse, formée par la plage, le sol s'élève graduellement, non par une pente uniforme, mais par plateaux successifs, séparés entre eux par des dépressions plus ou moins profondes. Tout le sol, d'une fertilité incomparable, est uniformément composé d'argile ferrugineuse, mélangé d'un peu de sable et de latérite. Ainsi on gagne le plateau d'Alladah (90 m. d'altitude), la dépression de la Lama, vrai marécage qui n'est plus qu'à 40 mètres et le plateau d'Abomey dont le point culminant est aux environs de Dan à la cote 248.

L'ossature du Bas-Dahomey est donc formée d'un dos d'âne, massif de 45 kilomètres de largeur moyenne à la base ; il émerge des plaines basses qui s'étendent à l'est et à l'ouest : à droite la plaine de Kétou et d'Adja-Ouéré, à gauche les plateaux des Ouatchis et des Mahis, les uns et les autres coupés de dépressions à fond plat, couvertes d'alluvions et inondées en partie à la saison des crues.

C'est sur la croupe centrale largement épanouie que court la seule bonne route du Dahomey, qui va de Ouidah à Abomey en passant par Alladah ; c'est par suite, la direction qu'emprunte la voie ferrée qui se construit.

Géologiquement, on admet que les terrains du Bas-Dahomey ne sont pas le résultat d'un soulèvement volcanique, mais qu'ils ont été conquis peu à peu sur l'Océan, dont les lames venaient jadis battre le pied des contreforts rocheux des Dassas, au-nord d'Abomey, et qu'ils ont été formés par les dépôts successifs d'alluvions, protégés et maintenus à l'embouchure des rivières par la digue de sable que la barre et les vents du large accumulent sur le rivage du Bénin. Ce qui est certain, c'est que des sondages faits aux portes de Goho, à Abomey, à Alladah et ailleurs jusqu'à trente mètres, ont permis de constater à cette profondeur l'existence du même bloc d'argile ; on ne trouve dans tout le bas pays ni une pierre, ni un caillou ; seuls quelques blocs ératiques de granit surgissent à fleur du sol sur les versants nord du plateau d'Abomey. Quelques-uns sont même de grès, mais le plus volumineux n'atteint pas un demi-mètre cube. On les retrouve dans une lagune entre le Mono et le Couffo. Ainsi la mer, les vents, les abats d'eau, résultant du climat si humide que nous avons décrit. ont constitué ces basses régions que les rivières, à cause de leurs crues, ont modelées telles qu'elles apparaissent.

Nº 9. — Athiémé: vue du port fluvial.

En effet de nombreux cours d'eau serpentent dans ces plaines, et entre les basses terrasses. Les principaux, qui arrosent le Bas-Dahomey, en dehors du Couffo, tributaire du lac Ahémé, sont : la rivière Sô, qui se jette dans le lac Nokoué ; l'Ignidi, dont une partie du cours forme la frontière anglo-française ; l'Ouémé et le Mono, les deux plus importants.

L'Ouémé prend sa source dans l'Atacora. A Carnotville, au-dessous du 9e degré de latitude nord, c'est déjà une grande rivière roulant en saison sèche une eau claire sur un lit de sables et de roches. Pendant les pluies, il grossit et s'élève de 10 mètres ; il déborde alors et charrie des troncs d'arbres qu'il a déracinés. Aussi n'est-il facilement navigable et seulement dans son cours inférieur, que pour les pirogues indigènes. Alors il se divise en bras que séparent des îlots de hautes herbes. il reçoit de nombreux affluents parmi lesquels il faut citer le Zou, traversé par le chemin de fer à Atchéribé et l'Ocpara qui passe à Paouignan.

Le Mono qui n'est français qu'en partie se jette dans la mer près de Grand-Popo par la bouche du Roi. C'est lui qui fait l'importance de Grand-Popo car il est navigable en saison sèche jusqu'à Vodomé et pendant la saison des pluies jusqu'à Athiémé. Un bateau à hélice, *le Mono*, remonte jusque là ; et comme on peut le constater, dans ce port fluvial se concentre une batellerie indigène de quelque importance.

II

HAUT-DAHOMEY

N° 10. — **Le plateau du Haut-Dahomey.**

N° 11. — **Village en pleine brousse.**

On désigne sous le nom de Haut-Dahomey toute la région qui s'étend au nord de Paouignan et se termine en éventail au Niger. Administrativement, le Haut-Dahomey comprend à l'ouest le cercle de Djougou et le Gourma, à l'est le Borgou, le moyen Niger et Say. C'est comme le Bas-Dahomey, une région peu accidentée, aux larges ondulations, recouvertes pendant la saison sèche d'une végétation rabougrie, envahies à l'époque de l'hivernage par l'herbe de Guinée. C'est en un mot la brousse soudanaise.

Relief. — « Le squelette du haut pays, assure M. le gouverneur Guy, est fermé par les monts de l'Otacora, qui se composent d'une arête principale de 800 à 900 mètres longée à droite et à gauche par une série de chaînons et de falaises parallèles. » Il n'y a donc nulle part de grandes altitudes, ni de massifs importants. A Parakou, capitale du Borgou, la hauteur moyenne des plateaux est à peine de 400 mètres. Or ce point est situé à 400 kilomètres de la mer. Au delà de Parakou, le sol s'élève insensiblement jusqu'à la ligne de partage des eaux de l'Ouémé et

du Niger, située un peu au-dessous du 10e degré de latitude nord et constituée par les contreforts de l'Atacora.
Ainsi on passe sans transition du bassin de l'Ouémé
dans celui du Niger et le sol argilo-ferrugineux descend
en pente douce jusqu'à 4 kilomètres du grand fleuve où
commencent les alluvions. Il n'y a donc pas de différences
bien accentuées entre le Haut et le Bas-Dahomey si ce
n'est que la plate-forme originelle est plus élevée dans
le premier que dans le second.

Climat et hydrographie. — Les différences de climats,
elles-mêmes, reposent surtout sur l'éloignement de la
mer et la latitude. Ainsi le climat du Haut-Dahomey est
à peu près celui du Soudan avec deux saisons, au lieu de
quatre comme dans le Bas. Saison sèche, de novembre
à mai; hivernage, de juin à octobre. Plus on avance
vers le nord, plus la longueur de la saison pluvieuse
diminue.

La température moyenne est inférieure à celle du Bas-
Dahomey mais les écarts journaliers s'accusent surtout
pendant la nuit. En décembre et en janvier, l'harmattan
se fait sentir et dure plus longtemps qu'à la côte. Aux
époques des tornades, c'est-à-dire entre les saisons, la
tension électrique de l'atmosphère est énorme, principa-
lement dans le voisinage de l'Atacora, où abondent les
roches ferrugineuses.

La différence d'aspect entre la saison sèche et la saison
pluvieuse est, toutefois, frappante. Pendant la saison
sèche, période au cours de laquelle ne tombe pas une
goutte d'eau et surtout dès que souffle l'harmattan, l'œil
ne découvre que de vastes étendues desséchées, aux-
quelles l'incendie annuel des grandes herbes, noircissant
le sol et les arbres, ajoute, dans certaines régions, un cachet

de désolation navrante : on dirait une terre de mort et de soif ; les arbres souffrent beaucoup de cette sécheresse comme des feux de brousse périodiquement allumés par les indigènes, et s'ils ne meurent pas ils dépérissent ; seuls résistent à ce traitement les gommiers et les karités, qui conservent leur vert feuillage. Sur les rives des cours d'eau, près et dans les dépressions, la végétation continue à être luxuriante, ce qui rend plus saisissante la désolation d'alentour. Mais, voici la fin du mois d'avril et les premières tornades, aussitôt et presque subitement la verdure reparaît partout. Des arbres rabougris qu'on croyait morts se couvrent de feuilles en quelques jours. Dans les longons (champs) lèvent le maïs, le mil, le manioc, les arachides, les courges, les ignames, les haricots, le riz, les oignons et l'herbe des pâturages.

A cause de ces conditions climatériques, toutes les rivières, qui sont torrentielles pendant la saison des pluies, n'offrent pendant les mois de sécheresse que de minces filets d'eau ou des cuvettes plus ou moins rapprochées et séparées par des seuils rocheux. Aucune d'elles n'est navigable, exception faite naturellement du Niger.

Le Niger dahoméen coule du nord-ouest au sud-est. Dans la région de Carimama, sa largeur est de 350 à 400 mètres. Si la rive droite est basse et marécageuse, la rive gauche est au contraire bordée de collines de faible hauteur, qui tantôt s'éloignent et tantôt se rapprochent du fleuve.

Le Niger est soumis à deux crues. La première, causée par les pluies, arrive en septembre et fait monter les eaux de 4 à 5 mètres au-dessus de l'étiage ; la seconde, qui se produit à la fin du mois de novembre, provient de l'apport des eaux du cours supérieur.

Aux hautes eaux comme aux eaux moyennes, c'est-à-dire pendant six mois, la navigation est permise entre Carimama et Say, à des bateaux calant un mètre, puis pendant trois mois à des embarcations calant 0 m. 40; enfin, aux basses eaux, seules peuvent circuler à cause des écueils des pirogues indigènes peu chargées.

Les affluents du Niger dans la partie de son cours qui forme la frontière du Dahomey, donc sur la rive droite, sont :

Le Diougori;

Le Botou, tous deux dans la région de Say;

Le Tapona, qui vient des environs de Diapaga;

Le Mékrou, qui descend de l'Atacora;

L'Alibory, dont la source se trouve dans la région de Djougou et se jette dans le Niger, sous le nom de Karguigourou entre Kargui et Molla;

Le Bouly, qui prend naissance près de Sikouro et reçoit comme affluents : (*a*) sur la rive droite le Tassinet et la Sora qui vient de la frontière anglaise et se réunit au Tassinet pour se jeter dans le Bouly, en amont de Bensacou; (*b*) sur la rive gauche, l'Irané, formé lui-même de l'Imandarou et du Borodarou, et la Kokoye.

L'Olly, qui a sa source près de Nikki et se jette dans le Niger entre Badjibo et Boussa; son cours supérieur est dahoméen.

III

LES PRODUCTIONS NATURELLES DU HAUT ET DU BAS-DAHOMEY

Les différences d'altitude, de latitude et de climat, bien plutôt que la composition des sols, expliquent la variété des productions végétales du Bas et du Haut-Dahomey.

Nº 12. — Alladah: caravane sous bois.

Nº 13. — Intérieur de forêts (Bas-Dahomey).

Nº 14. — Ouidah: une propriété.

Nº 15. — Ouidah: jardin du commissariat.

Nº 16. — Cotonou: cueillette des fruits du rônier.

Nº 17. — Porto-Novo: baobab.

En partant de la côte pour remonter vers le nord, on trouve d'abord, au delà des lagunes, la forêt des palmiers à huile, sans contredit la plus riche de la colonie, c'est aussi la zone des fortes pluies. Les indigènes cultivent entre les palmiers des plantes vivrières : manioc, maïs, haricots, arachides. On voit aussi près des villages une grande quantité de bananiers, et quelques cocotiers; les avocatiers, les ananas cultivés se rencontrent partout où il y a une agglomération européenne. Il faut citer encore quelques champs de café de Libéria (près de Porto-Novo, Ouidah et Zagnanado), de cacaoyers (près de Zagnanado), de kolatiers (près d'Abomey, Calavi), de coton indigène à Savalou, Djallakou et environs.

Les principales essences d'arbres, en dehors des palmiers à huile, sont: le fromager qui atteint quelquefois des dimensions énormes et avec le bois duquel on fabrique les pirogues; le rônier, sorte de palmier imputrescible dans l'eau, qui sert aux constructions; le rocco, bois très dur et très dense, difficile à travailler; les bambous; les flamboyants répandus dans tout le Dahomey, les frangipaniers; les ibiscus.

Nº 18 .— Le baobab et ses fruits.

Nº 19. — La végétation sur les bords d'une rivière (Haut-Dahomey).

Nº 20. — Un déjeuner sur les bords d'une rivière (Haut-Dahomey).

Dans le Haut-Dahomey, en dehors des cultures vivrières, maïs, ignames, mil, haricots, riz, etc., les principales richesses végétales du pays sont le coton, le karité, l'indigo et le tabac.

Le coton pousse partout dans le Haut-Dahomey, les indigènes savent le cultiver, le soigner et le climat par l'alternance des deux saisons est propice à cette culture.

Les arbres « karité » qui poussent à l'état sauvage dans la brousse, atteignent quelquefois dix mètres de hauteur et donnent beaucoup d'ombre. A la saison sèche, ils perdent leurs feuilles. En février et mars, ils se couvrent de fleurs blanches odorantes. Au milieu de juin, les fruits sont mûrs. Leur pulpe qui est d'une saveur douce est comestible; de l'amande ovoïde et bleuâtre on tire une graisse dite « beurre de karité » qui est employée dans la cuisine par les noirs, sert aussi à l'éclairage, et entre avec de la potasse dans la fabrication du savon indigène.

Lorsque le fruit atteint sa maturité, il tombe, la pulpe ne tarde pas à pourrir, et l'amande apparaît. Les amandes sont ramassées et mises à sécher pendant une quinzaine de jours, puis battues pour enlever l'écorce. Les amandes sont ensuite broyées et grillées, après quoi elles sont soumises à un nouveau broyage au moyen de deux pierres. On obtient ainsi une masse pâteuse sur laquelle le beurre perle. Cette pâte est décantée, puis, après avoir été additionnée d'eau, est placée dans une marmite doucement chauffée. Le beurre liquide de couleur brune monte à la surface. En refroidissant, il présente un aspect jaunâtre. La valeur de ce beurre de karité est sur place d'environ cinquante centimes. Il pourrait donner lieu, si toutes les amandes étaient recueillies, à un trafic important.

Le bois de l'arbre sert à faire du charbon de bois.

L'indigo pousse admirablement dans tout le haut pays. Il est semé au début des pluies et donne deux récoltes par an en septembre et en novembre. Dès que la tige paraît avoir 20 centimètres, les indigènes la coupent pour la fortifier. Les plants sont conservés trois années, la dernière année pour la récolte des graines.

Les feuilles sont cueillies dès la maturité, puis séchées, broyées. Avec de l'eau, de la potasse et le résidu des feuilles, on fait une mixture qui est longuement agitée ; on laisse reposer; le liquide obtenu présente la couleur indigo.

Il est un autre procédé de préparation qu'emploient les indigènes. La tige coupée est mise à fermenter. Quand la feuille se détache, elle est réduite par trituration. Ce produit est jeté dans les fosses de teinture qui existent dans chaque village. Sur place la valeur de l'indigo est de 2 à 3 francs.

Le tabac trouve dans le sol du Haut-Dahomey un habitat propice, et les noirs le cultivent pour leur consommation. Pour planter leurs ignames, les indigènes, après avoir bien remué le sol, forment des cônes de terre de un mètre de hauteur et de 2 m. 50 de diamètre.

C'est sur les versants de ces cônes qu'ils sèment le tabac au mois de juin pour le récolter en novembre. Les feuilles sèchent sur pied, sont groupées par quinze ou vingt et vendues dans le pays 1 fr. 50 et 1 fr. 80 le kilogramme. Il y a là une culture à développer et à améliorer puisque la consommation totale indigène exige l'importation d'une certaine quantité de tabac américain en feuilles (pour 743.591 et 864.090 francs ces deux dernières années).

Pour compléter la physionomie du pays, il nous reste à indiquer que le Haut-Dahomey renferme en dehors des cultures ou exploitations déjà citées la plupart des échantillons de la flore tropicale : rôniers, palmiers imputrescibles, résistants, servant aux charpentes, bambous employés pour les toitures des cases, baobabs, tamarins, cailcédrats (*ficus acacia*), gommiers, fromagers. Il est à remarquer que ces différents arbres qui, en raison des incendies fréquents, n'atteignent pas dans la brousse de grandes proportions, deviennent immenses lorsqu'ils sont situés dans les longons.

IV

LA FAUNE DU HAUT ET DU BAS-DAHOMEY

N° 21. — **Tête d'hippopotame tué au Dahomey.**
N° 22. — **Une fourmilière.**

La faune du Dahomey ne présente pas de caractère particulier. Parmi les oiseaux, il convient d'indiquer : les canards sauvages, les poules d'eau, les hérons, les aigrettes, dont les crosses sont de toute beauté en novembre et décembre, les martins-pêcheurs, les merles métalliqués, les gendarmes, les grives, les perdreaux, les outardes, les coqs de pagode, les pigeons verts à la chair succulente, et enfin les vautours fauves, à qui revient le soin, et ils s'en acquittent consciencieusement, de débarrasser la voirie. Le gros gibier est représenté par les sangliers, les cerfs, les biches, et plus haut, vers le Sahara, par plusieurs variétés d'antilopes. L'éléphant a pour ainsi dire disparu du Bas-Dahomey, et cependant les indigènes de Ketou en ont tué un il y a deux ans.

Il n'y a pas de fauves de grandes espèces ; les chats tigres, les chats-civettes sont les félins les plus souvent rencontrés.

Les reptiles abondent, depuis le python, vénéré comme fétiche, jusqu'au petit serpent vert des bananiers, à la vipère cornue et au serpent cracheur, ces deux derniers dangereux.

Dans les cours d'eau et les lagunes vivent des quantités de caïmans qui, chaque année, font des victimes. Ces animaux sont considérés en certains endroits comme fétiches.

En dehors des innombrables moustiques, les insectes les plus désagréables, sont les fourmis voyageuses qui envahissent les cases, les fourmis-cadavres à l'odeur caractéristique et les termites ou coupins qui ne respectent rien, percent les murailles, détruisent les habitations, dévorent le linge et les meubles.

Ces diverses sortes d'insectes ont un ennemi vorace dans la personne d'une espèce de lézard qui fréquente les habitations et dont le mâle est très joli, à la tête orange avec petites taches roses.

La faune du Haut-Dahomey n'a rien de particulier.

Les panthères, les chats-tigres, les chacals, les lions sans crinière représentent les carnassiers. Les éléphants se tiennent de préférence dans les deserts du Dendi et du Gourma. Les antilopes, par bandes, les sangliers, parcourent le pays. La civette vit dans le Dendi. Les singes sont nombreux. Les hippopotames et les caïmans habitent en grand nombre le lit et les rives du Niger. Les serpents sont assez rares, mais il y a beaucoup de scorpions.

Parmi les oiseaux, les plus connus sont : la perdrix, la pintade sauvage, la petite outarde, la poule de rochers, le vautour urubu, le milan, et dans la vallée du Niger les canards sauvages, les cigognes, les échassiers, les pélicans, les marabouts, les aigrettes.

Les insectes sont rares, par contre les termites et les moustiques pullulent surtout dans la vallée du Niger.

Les troupeaux de bétail sont nombreux dans le Haut-

Dahomey. Dans tous les villages, il y a des bœufs, des moutons, des chèvres, ainsi que des chevaux et des ânes.

Les bœufs sont en général de taille moyenne, sauf toutefois ceux des rives du Niger qui sont plus grands. On rencontre parmi eux beaucoup de bœufs à bosse. Ils constituent pour le pays une véritable richesse, dont les indigènes ne tirent actuellement aucun parti. Leur valeur moyenne est de 100 francs.

Les moutons, à poil ras, sont un peu plus petits que les nôtres, à l'exception de ceux du Niger; leur prix varie de 4 à 5 francs.

Les chèvres de toutes nuances sont petites, leur chair n'est pas mauvaise, mais on s'en fatigue vite; une chèvre coûte 2 fr. 50 à 3 francs.

Il y a dans le Haut-Dahomey deux races de chevaux bien déterminées; celle de Gourma et du Mossi, celle du Niger.

Les animaux de la première sont de petite taille, 1 m. 40 à 1 m. 50 au garrot, robustes mais peu élégants; ils donnent plutôt l'impression d'un double poney. Les chevaux du Niger (région de Gaya) ont plus bel aspect; ils paraissent plus fins et plus légers, mais sont beaucoup moins résistants. On les nourrit d'herbe sèche et de mil. Les indigènes préparent également une nourriture spéciale composée de farine de mil, d'herbe et de sel qu'ils introduisent directement dans l'œsophage de la bête. Ce régime est, paraît-il, excellent.

Actuellement le cheval est dans le pays un animal de luxe qui vaut au minimun 150 francs.